NOUVELLE MÉTHODE

DE

COLORIAGE

DES

Photographies, Gravures et Dessins
sur papier, verre, porcelaine
Avec des couleurs à l'huile.

SANS PINCEAU

NI CRAYON

et de la

Peinture sans Pinceau

PAR

M. Mastrukoff

PHOTOGRAPHE, PROFESSEUR DE DESSIN

PARIS

36, RUE BONAPARTE, 36

1900

NOUVELLE MÉTHODE

DE

COLORIAGE

DES

*Photographies, Gravures et Dessins
sur papier, verre, porcelaine
Avec des couleurs à l'huile.*

SANS PINCEAU

NI CRAYON

et de la

Peinture sans Pinceau

PAR

M. Mastrukoff

PHOTOGRAPHE, PROFESSEUR DE DESSIN

PARIS

36, RUE BONAPARTE, 36

1900

PRÉFACE

Le but de mon manuel est de donner un moyen
de se servir d'une méthode que j'ai perfectionnée,
de colorier et de retoucher sans pinceau et sans
crayon, avec des couleurs à l'huile, non seulement
à ceux qui ne savent pas dessiner, mais aussi aux
artistes pour faire des études sur du papier blanc
(avec des couleurs à l'huile, sans pinceau), avec
la même facilité et la même rapidité qu'offre le
dessin avec de la poudre de crayon.

Grâce au grand intérêt qu'à l'heure actuelle
le public porte à la photographie coloriée et en
général au coloriage, ma méthode a bientôt attiré
son attention, ce qui fut témoigné, par la presse
des capitales et de la province, par de nom-
breuses lettres de remerciements que j'ai reçues de
mes élèves de toutes les parties de la Russie, ainsi
que par les médailles que j'ai obtenues aux expositions artistiques industrielles à Saint-Pétersbourg,
en province et du Président de la République
Française, M. Félix Faure.

Avant l'appariton de ma méthode, M. Emile
Blin pensait qu'un amateur ne pouvait colorier

que l'envers du dessin (photo-miniature); quant au côté extérieur, il pensait que c'était tout à fait impossible de le colorier avec des couleurs à l'huile.

Mais à présent, grâce à ma méthode, le coloriage de la face du dessin avec des couleurs à l'huile est devenu non seulement possible, mais aussi le moyen le plus simple, le meilleur marché, le plus rapide et il est accessible même aux écoliers. A l'appui de la simplicité et de la facilité de ma méthode, je veux citer un passage du compte rendu de la « *Nowoïé Vrémia* » n° 7758 :

« M. MASTRIOUKOFF est un des premiers qui soient arrivés à cette méthode très simple. Ce qui est étonnant, c'est que tout ce qui est le plus simple arrive toujours à être découvert le dernier. Il y a très longtemps que les photographes s'occupent du coloriage des épreuves ; on a inventé dans ce but des couleurs spéciales, tandis qu'il ne fallait que prendre quelques couleurs de la palette du peintre pour aboutir au même résultat, avec plus de simplicité et de vitesse. »

La méthode que je propose, comme en général toute découverte et perfectionnement dans n'importe quelle branche des connaissances humaines, a été accueillie dès son apparition avec une hostilité et un scepticisme extrêmes, non seulement par le public peu familiarisé avec les arts de la photographie et de la peinture, mais aussi par les gens tout à fait compétents dans ces branches ; non seulement on n'admettait pas la possibilité d'enseigner en une séance, mais on ne croyait pas que les échantillons que j'avais exposés pussent être exécutés sans pinceau. D'autres exprimaient même l'idée que de pareils ouvrages ne devaient pas être protégés, parce que tous les maniements mécaniques dans la peinture ne sont pas désirables, dans l'intérêt de l'art même. L'idée elle-même de ma méthode était comprise de travers, on m'attribuait la promesse de créer des artistes en peu de temps.

Pour toute réfutation, je dois dire que ma méthode prétend à un rôle plus modeste ; elle ne fait pas d'artiste, et celui qui colorie des dessins déjà prêts n'est pas un créateur ; elle a néanmoins une énorme importance pédagogique pour comprendre les œuvres d'art, parce que, en se familiarisant avec les couleurs et leurs teintes dans le coloriage des dessins prêts, chacun attache involontairement son attention sur l'original et, dans ce cas, le meilleur et le constant modèle, c'est la nature elle-même avec tous ses phénomènes et ses effets. A force de toujours observer, il se dégage une conception plus consciente et plus vraie de telle ou telle œuvre d'art, et cela a incontestablement une importance énorme pour l'art même.

Cette idée, j'ai pu la confirmer par les observations que j'ai faites sur mes élèves ; ceux-ci, après avoir visité toutes les galeries de l'Europe, manifestaient fort peu l'habitude de l'observation, mais après quelques manipulations de coloriage d'après ma méthode, ils ont commencé à comprendre plus consciemment les œuvres d'art ; une indifférence complète pour l'art s'est changée en un intérêt vif, et ils ont ressenti le besoin, non seulement de fréquenter les expositions d'art, mais aussi de se procurer des tableaux.

Voilà le rôle modeste auquel prétend ma méthode : colorier avec des couleurs à l'huile sans pinceau, et je me flatte de l'espoir que mes travaux ne resteront pas infructueux et que la méthode que je vais exposer trouvera bientôt une application très large. Si mes rêves se réalisent, même en partie, ce sera pour moi la récompense la plus haute.

PHOTOGRAPHE, PROFESSEUR DE DESSIN

M. J. MASTRIOUKOFF.

Saint-Pétersbourg.

CHAPITRE I

ACCESSOIRES

A. — Couleurs a l'huile

1. — Carmin extra (d'un coloris rosé).
2. — Jaune des Indes (jaune doré).
3. — Terre de Sienne (sombre jaunâtre).
4. — Terre de Sienne brûlée (cannelle jaunâtre).
5. — Brun de Sépia (cannelle foncée ou terre de casselle).
6. — Noir d'ivoire.
7. — Bleu de Paris, ou Bleu de Penxert, ou Bleu minéral.

B. — Autres objets

a) Une palette en porcelaine ou une petite assiette.
b) Un manche de pinceau de 20 à 30 cm. de longueur.
c) Des chiffons mous.
d) De l'ouate hydrophile.
e) De l'essence de térébenthine.
f) De la gomme dure.
g) De la gomme mie de pain (1).
h) Un pinceau plat en poil d'écureuil ou de blaireau.
i) De la gélatine.
j) De la poudre de pierre ponce (moyenne).
k) De l'amidon (de froment).

(1) Cette gomme est molle comme de la pâte.

l) Du papier de verre n° 3 ou 4, employé par les
    menuisiers.

m) Un coupe-épreuve (petit couteau, dont on se sert
    dans la photographie pour couper les épreuves;
    on peut se le procurer dans tout magasin
    vendant les fornitures photographiques).

PRÉPARATION DE L'AMIDON

Mettre dans un verre ordinaire une cuillerée et demie
d'amidon, le délayer à froid jusqu'à ce que le mélange
devienne comme de la pâte ; puis y verser peu à peu de
l'eau bouillante, tout en remuant jusqu'à ce que l'amidon devienne comme de la gelée transparente ; laisser
refroidir et passer dans un linge en l'exprimant avec
les doigts dans un récipient quelconque.

COLLAGE

L'amidon ainsi préparé, on en met une couche égale
sur les gravures et les épreuves (1) à l'aide d'un pinceau et on les applique sur le carton, en les repassant
avec la main au travers du papier.

PRÉPARATION DE LA GÉLATINE

POUR LE COLORIAGE

Mettre dans un verre quatre feuillets de gélatine,
(où 15 grammes par 200 grammes d'eau), y verser
jusqu'à la moitié de l'eau bouillante et mettre ce
verre dans un bol avec de l'eau bouillante pour que
la gélatine soit fondue également, puis la passer deux

---

(1) Il est plus commode de tremper au préabable les épreuves
dans de l'eau.

fois dans de la flanelle ou de la toile. Cette gélatine peut servir plusieurs fois, mais avant de l'employer, il faut avoir soin de la garder dans un endroit froid et de la liquéfier, au bain-marie, chaque fois que l'on veut s'en servir. Elle peut aussi servir pour coller les dessins, etc.

PRÉPARATION DES GRAVURES

Avant de colorier une gravure ou un dessin, il faut les coller sur un carton au moyen de l'amidon ou de la gélatine, les fixer sur une planche afin qu'ils ne se gondolent pas et puis les couvrir d'une couche fine de gélatine chaude à l'aide d'un blaireau et sécher en préservant les épreuves de toute poussière. Quand la gélatine est séchée, on peut procéder au coloriage, mais il faut préalablement *essayer* si le dessin est assez couvert de gélatine ; dans ce but il faut enrouler sur un manche de pinceau un morceau d'ouate trempée dans de la térébenthine et en passer en zig-zag la gravure. Si, après cette manipulation, des taches graisseuses ne se remarquent pas, le gravure est tout à fait prête pour le coloriage ; dans le cas contraire, il faut repasser la gélatine.

PRÉPARATION DES PHOTOGRAPHIES

On couvre les photographies, brillantes d'ordinaire, de gélatine comme les gravures, mais au préalable il faut enlever de leur surface toute matière graisseuse en les frottant avec un morceau d'ouate ou de chiffon trempé dans de la glycérine.

Lorsque la première couche de gélatine est sèche, on en passe une seconde pour que toute la surface en soit couverte.

FROTTEMENT POUR RENDRE
LA SURFACE MATE

La surface couverte de gélatine doit être mate, parce que, pour ma méthode de colorier, il est toujours indispensable d'avoir une *surface gélatineuse mate*, imperméable pour la térébenthine et l'huile.

Pour rendre la surface mate, on la frotte avec de la poudre de pierre ponce, avec les doigts, par un mouvement rotatoire. Ce frottement doit être absolument égal pour obtenir sur toute la surface du dessin ou de la photographie un mat uni velouté. Cela fait, on enlève la poudre avec un pinceau mou.

Si la surface avait été mal frottée et non d'une façon uniforme, le coloriage ne réussirait pas, et c'est pour quoi je ne saurais trop recommander d'apporter la plus grande attention au frottement ; aussi faut-il essayer les photographies frottées avec de l'ouate trempée dans de la térébentine, comme pour les gravures.

L'ENROULEMENT DE L'OUATE
SUR LE MANCHE

Pour arriver à de bons résultats en coloriant sans pinceau à l'aide de l'ouate, il est tout d'abord nécessaire de bien apprendre à l'enrouler sur des manches de pinceaux de grandeurs différentes. (Voir la table.) L'enroulement se fait de la manière suivante : on prend un morceau d'ouate en forme de ruban allongé et on le met le long de l'index de la main gauche, de sorte que les fils de l'ouate soient plus courts que le doigt. On retient avec le pouce de la même main l'autre bout de l'ouate. Ensuite on prend le manche dans la main droite, on met perpendiculairement son bout pointu sur les fils de l'ouate qui se trouvent au bout du

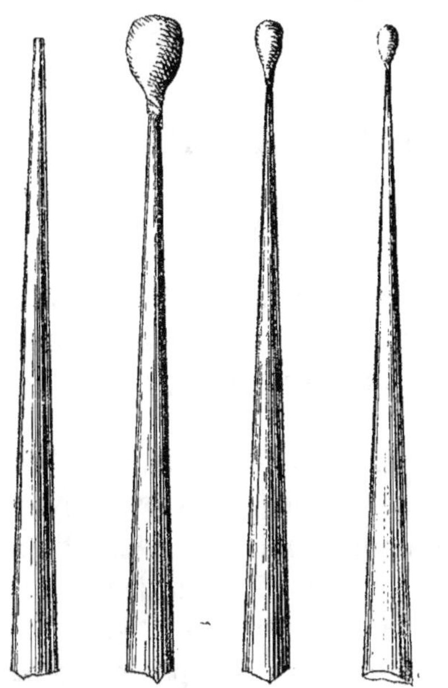

doigt et, en le pressant contre le doigt, on le tourne ver soi, de sorte que l'ouate s'enroule d'elle-même sur le bout du manche. Ensuite on presse les autres fils autour du manche avec les doigts, en ayant soin que le petit bout du manche soit

bien enveloppé. Nous appellerons **estompe** l'ouate ainsi enroulée sur le manche.

LA MISE DES COULEURS SUR LA PALETTE

On met sur le bord supérieur de la palette, dans un certain ordre, en commençant du côté droit, un peu de chaque couleur indiquée ci-dessus. Outre ces couleurs, on peut en employer d'autres.

CHAPITRE II

COLORIAGE DU PAYSAGE

Remarques préliminaires

Ayant préparé tout ce qui est indiqué, on peut procéder au coloriage du paysage en commençant à colorier le ciel et l'eau et en passant ensuite aux objets rapprochés.

Le ciel peut être pur ou nuageux, chaud ou froid ; les nuages peuvent être sombres et clairs, duveteux floconneux, de teintes innombrables et variées à l'infini.

Les personnes qui commencent à colorier et qui ne sont pas familiarisées avec la peinture et la composition des couleurs ne doivent pas se troubler, parce que, pour les sept couleurs que j'avais choisies, on peut presque toujours trouver approximativement la nuance exigée ; je ne parlerai que de quelques-unes : le bleu avec le jaune donne le vert ; le bleu avec le rosé : le violet ; le rosé avec le jaune : rougeâtre, orangeâtre. En mélangeant les couleurs les unes avec les autres, on obtient une quantité infinie de teintes, même en ne se servant que de trois couleurs : bleue, jaune et rosée, avec lesquelles on peut colorier un paysage et une figure.

Le ciel pur. — Pour procéder au coloriage d'un ciel pur, il faut préparer sur les deux bouts d'un manche deux estompes d'ouate, les tremper dans de la térébenthine, mettre sur l'une du bleu et le mélanger sur l'endroit propre de la palette avec une grande quantité de térébenthine. Puis on commence à colorier le plus vite possible le ciel par le haut, en traits horizontaux, sans s'inquiéter si la couleur est posée très également et sans s'inquiéter non plus des objets voisins : arbres, édifices, figures, etc. Tout de suite après, on tourne le manche et l'on passe l'autre estompe, trempée dans de la térébenthine, sur le bleu, en commençant par l'horizon et en se dirigeant vers le haut.

Immédiatement après, il faut prendre un morceau d'ouate assez grand, et essuyer aussi délicatement que possible tout le dessin, d'un bout à l'autre, en commençant par le bas de l'horizon, en avançant peu à peu, sans se dépêcher, par mouvements horizontaux — ne jamais courir en avant — jusqu'à ce que les raies de la couleur aient disparues.

Si, après l'avoir ainsi estompé, le dessin n'est pourtant pas très uni, s'il y a des raies ou des taches, si la térébenthine s'est évaporée et que la couleur ne s'étend plus, il faut cesser d'essuyer pour ne pas abîmer le mat.

En général il faut poser *comme règle* de ne pas essuyer quand la couleur ne s'étend pas facilement ; en ce cas, il faut ajouter à l'ouate de la térébenthine et reprendre plusieurs fois le même procédé, sans laver la teinte précédente, mais seulement si le mat de la surface n'est pas abîmé ; ainsi nous obtiendrons le ciel pur avec l'horizon blanc.

L'horizon colorié. — S'il faut faire le ciel avec une nuance jaune, on met sur l'autre estompe du manche, où l'ouate n'était trempée que dans de la térébenthine, du jaune indien. Colorier en haut avec le bleu, et en bas avec le jaune, en laissant entre les deux couleurs un espace étroit, afin que l'estompe dont on se sert ne prenne pas d'autre couleur et que l'on puisse, en cas de besoin, colorier avec la même ouate.

Immédiatement après, estomper comme dans le premier cas avec un grand morceau d'ouate sèche, mais à l'endroit où les deux couleurs se rapprochent, estomper le plus vite possible, afin de ne pas les laisser sécher. Il faut estomper en même temps le bleu et le jaune, horizontalement, en passant d'une couleur à l'autre afin que l'une d'entre elles passe imperceptiblement dans l'autre. Aussitôt après, les deux tons bien étendus, sans s'arrêter et toujours du même côté de l'ouate, l'appuyer de moins en moins et finir doucement jusqu'en haut. Si l'on veut obtenir le lever du soleil ou le coucher, ou un autre effet du ciel, il faut prendre d'autres couleurs et procéder de la même manière.

Nuages sombres. — Si l'on veut faire des nuages sombres, on prend sur un morceau d'ouate, bien serrée en forme de pompon, sans le tremper dans de la térébenthine, les couleurs ci-après : bleu, carmin et noir que l'on mélange sur la palette pour obtenir une couleur violet foncé ; puis on essuie bien le pompon sur du papier blanc, en le tournant de tous côtés jusqu'à ce qu'il colorie à peine le papier, sans laisser de taches graisseuses. Ayant ainsi préparée le pompon, on colorie les nuages par de légers frottements rotatoires, en commençant par la gauche et en allant horizontalement à droite. Il faut se bien garder de frotter en zig-zag.

Comme la voûte céleste est en perspective par rapport à l'horizon, il faut faire les nuages qui sont plus hauts, plus grands et plus ronds et ceux qui sont plus rapprochés de l'horizon plus allongés et plus petits.

Après avoir colorié les nuages, on les estompe avec un morceau d'ouate sèche en la pressant assez fortement, toujours horizontalement, en commençant par le bas. Si l'on veut, on peut les éclairer.

L'éclairage des nuages. — Pour éclairer les nuages déjà coloriés, on frotte avec une estompe sèche et propre les bords des nuages du côté de la lumière.

Il faut absolument commencer ce frottement en dépassant un peu les contours des nuages, en prenant sur le bleu du ciel, afin de ne pas laisser de traits foncés des bords. On peut aussi obtenir le même résultat en ayant recours à la gomme. Cette méthode d'éclairer les nuages est si simple que même ceux qui ne savent pas dessiner arrivent à des résultats satisfaisants. Avec une certaine habitude, on peut faire des nuages avec plus de détails et même des nuages orageux.

Nuages blancs floconneux. — Quand on veut faire, sur le fond général du ciel, des nuages blancs, on procède de la manière suivante : on garnit le bout de l'index de la main droite d'un peu d'ouate, et on l'enveloppe d'un chiffon en ayant soin de ne pas faire de plis. On trempe le doigt dans de la térébenthine et on exprime légèrement ce qu'il y en aurait de trop et on frotte sur le ciel en faisant des taches en forme de nuages, en leur donnant des formes très variées de contours. Tout de suite estomper horizontalement avec un grand morceau d'ouate que l'on doit tenir préparé d'avance dans la main gauche. Ayant fait cela, il faut encore refaire les contours avec une gomme pointue, à l'aide de laquelle on peut varier leurs bords comme on voudra, en leur donnant des formes très diverses, et nuancer les nuages en tous les tons.

> REMARQUE : Pour acquérir l'habitude de faire les nuages, je propose le moyen suivant : prendre du papier Ingres, le couvrir d'une légère couche de gélatine d'une épaisseur la plus égale possible ; quand la gélatine sera sèche, couper le papier en morceaux, s'exercer au coloriage du ciel et à faire des nuages des tons différents.
> Si les nuages sont indiqués sur la photographie ou sur la gravure, on les colorie avec des tons correspondants.

Coloriage de l'eau. — On colorie l'eau et les objets qui s'y reflètent en teintes pareilles à celles du ciel. En coloriant l'eau, il ne faut pas s'inquiéter si on a aussi colorié les objets rapprochés, puisqu'on peut toujours les laver avec une estompe trempée dans de la térébenthine et étroitement exprimée.

Les vagues se colorient avec des tons plus foncés que la couleur de l'eau.

Les éclaboussures et l'écume des vagues se font avec de l'ouate trempée de térébenthine et très étroitement exprimée ou avec la gomme ou encore en grattant légèrement avec le coupe-épreuve.

En général, pour nuancer on prend de la couleur en grande quantité sans térébenthine ; il faut avoir soin que l'ouate soit bien arrangée sur le manche en forme d'estompe bien pointue ; on y aboutit en tournant l'ouate vers soi, entre les deux doigts de la main gauche.

Avec l'estompe ainsi préparée, on nuance les teintes dans la direction des vagues.

> REMARQUE. Quand on colorie sans térébenthine, il faut avoir souvent soin de bien arranger l'estompe afin qu'elle ait toujours une forme pointue et que le petit bout du manche soit soigneusement enveloppé et ne ressorte pas, sans quoi on n'obtiendrait pas de résultats satisfaisants et on abîmerait le dessin en l'égratignant.
>
> Pour obtenir des parties des vagues plus éclairées, on frotte ces endroits avec une estompe trempée dans de la térébenthine et étroitement exprimée au moyen d'un chiffon, qu'on tourne autour de l'ouate; après chaque frottement estomper vite les taches de térébenthine avec de l'ouate sèche.
>
> Dans certains cas, l'estompe peut être remplacée par une gomme ou par un coupe-épreuve. Si ce dernier s'émousse, on le repasse sur une pierre à aiguiser.

On ne doit pas laver les arbres qui avaient été auparavant touchés par le bleu du ciel : on met le vert directement sur le bleu.

Le lointain et les arbres. — Pour colorier les forêts et les montagnes on se sert d'une estompe trempée dans de la térébenthine légèrement exprimée et des tons bleuâtre, verdâtre et violacé ; avoir soin de ne pas toucher au ciel. En passant au coloriage des plans plus précisés, ne pas s'inquiéter si l'on prend aussi sur les troncs, les arbres et autres objets, parce qu'ils peuvent être ensuite lavés avec une estompe trempée dans de la térébenthine et coloriés en tons correspondants. En coloriant les groupes, il faut varier les tons du vert d'après le goût personnel.

On commence par colorier la cime d'un arbre et il faut finir l'arbre commencé jusqu'à la partie inférieure avant de passer aux autres.

On colorie les branches des arbres qui ressortent bien sur le fond du ciel avec une estompe bien pointue, **sans térébenthine**, par un toucher très léger, par des petits points, en tournant l'estompe de façon à ce qu'elle imprègne des points plus marqués sur les feuilles. Il est de toute importance de porter la plus grande attention à l'estompe, de la tourner souvent entre les doigts et de bien veiller à ce que le bout de manche ne dépasse jamais l'ouate. Pour faire les troncs minces des arbres, il faut les gratter avec le coupeépreuve.

Avant de colorier les arbres, il faut colorier la terre et les sentiers.

Les détails. — Quant aux maisons, aux personnes et aux animaux qui se trouvent sur le dessin, on les colorie d'une teinte générale, et puis on fait les nuances et les rehauts correspondants à l'éclairage. Le coloriage des grandes surfaces se fait avec des couleurs délayées dans de la térébenthine.

Il ne faut jamais colorier les objets clairs d'une couleur intense et plus ils sonts clairs plus il faut délayer la couleur dans de la térébenthine. On commence le coloriage des surfaces par un côté et on avance toujours dans la même direction. Quant à l'herbe, aux laîches, aux joncs, il faut les colorier avec une estompe fine. Il faut varier autant que possible l'herbe, la terre, les pierres en employant des tons différents.

CHAPITRE III

COLORIAGE DU PORTRAIT

Pour le portrait, comme pour le paysage, il faut d'abord faire le fond, c'est-à-dire l'espace qui entoure la tête ou la personne.

Le fond peut être un salon ou un paysage, ce qui a lieu pour les portraits de grandeur naturelle ou de demi-grandeur. Les fonds nuageux ou unis, sombres ou clairs, sont pour les demi-portraits.

Fond uni et nuageux. — On prépare une estompe d'ouate proportionnée à la grandeur du fond ; on la trempe dans de la térébenthine, on enduit l'ouate des couleurs jugées nécessaires et on colorie le fond d'un ton neutre.

Si le fond n'est pas sombre, on peut mettre du bleu ou du bleu verdâtre, préparant le ton que l'on veut en mélangeant les couleurs sur la palette et en l'étendant ensuite sur le fond indifféremment, sans s'inquiéter ni de la direction, ni des inégalités, même sans craindre de salir un peu la figure ou quoique ce soit des objets à portée ; il faut seulement s'efforcer de mettre la couleur le plus vite possible et sans lui donner le temps de sécher, c'est-à-dire avant que la térébenthine ne s'évapore, pendant que la couleur est encore humide, l'égaliser sur le fond avec un morceau d'ouate à grande surface ; il faut opérer légèrement, par mouvements rotatoires, jusqu'à ce que la couleur soit bien unie et qu'il n'y ait plus ni traits ni raies.

Si le résultat ne donne pas un fond égal, on peut recommencer en couvrant le fond avec les mêmes ou d'autres couleurs, ou seulement une partie du fond, particulièrement en bas, et estomper avec le ton supérieur. En s'y prenant ainsi, on peut recommencer le fond autant que l'on veut ; seulement, il faut éviter d'essuyer fortement ce qui pourrait faire disparaître le mat du dessin sans lequel les couleurs ne peuvent tenir.

Sur un fond uni, on peut mettre des formes de nuages, avec un pompon d'ouate sèche, comme pour le paysage. Les formes et les tons dépendent du goût personnel.

On colorie le fond sombre en tons : rouge verdâtre, cannellé etc., avec peu de térébenthine.

Fonds fantaisiste d'aquarelle. — Avec une certaine habitude, on peut l'exécuter avec un grand effet. Il se fait sur un fond uni déjà prêt avec des couleurs bien délayées dans de la térébenthine, par de vigoureuses hachures, sans observer aucune symétrie ; puis, sans donner à la térébenthine le temps de s'évaporer, on estompe très légèrement, dans la direction des hachures, avec un grand morceau d'ouate, en touchant à peine. A mesure que la térébenthine s'évapore, on estompe plu fortement, en commençant par le haut, afin que les hachures se mélangent avec le fond général et laissent des traits faibles.

Fond décoratif et paysagiste. — Si c'est un salon, une pièce quelconque qui fait le fond, on colorie d'abord par un ton général, liquide avec de la térébenthine, puis on estompe ; ensuite on colorie les autres objets, comme dans le paysage : les arbres, les fleurs, les balustrades, les colonnes, les statues etc. ; dans un appartement, salon ou autre pièce : les colonnes, les cheminées, les portes, les tableaux, les fenêtres, les lustres, les meubles les tapis, etc. Tous ces objets doivent être coloriés d'un ton semblable, un peu terne, afin que l'éclat des couleurs n'atténue pas le portrait lui-même, objet principal du tableau. Mais il faut colorier plus fortement les objets qui se trouvent, pour ainsi dire, au même plan que le portrait même et semblent l'accompagner, et il faut les ombrer plus nettement ; nuancer et faire les rehauts avec de l'ouate sèche ou à peine humectée de térébenthine. Il faut prendre pour principe que chaque objet doit être d'abord colorié, puis nuancé et après il faut faire les rehauts.

Après avoir fait le fond, on peut commencer à colorier le visage.

Quand on a fait le fond, il faut nettoyer le portrait même, surtout le visage que l'on doit laver aussi proprement que possible avec une estompe humectée de térébenthine et exprimée. Il faut essuyer dans toutes les directions, en prenant bien soin de ne pas abîmer le fond, et il faut changer l'estompe jusqu'à ce qu'elle cesse de se colorier avec la couleur du fond.

VISAGE

D'après ma méthode, on colorie le visage au moyen de cinq tons, qui n'exigent aucune connaissance préalable du mélange des couleurs. La combinaison des teintes se fait sur le dessin même en estompant successivement les tons ; mais il faut se servir des couleurs méthodiquement, comme je vais l'indiquer. L'essentiel est d'observer rigoureusement les indications que j'ai données à propos de l'application des couleurs avec ou sans térébenthine, du coloriage etc., et surtout à propos de la préparation de l'estompe, parce que le succès du travail dépend de la quantité et de la qualité de l'ouate enroulée sur le manche.

***Premier ton.* — Coloris général**. — On prend un morceau d'ouate, proportionné à la grandeur du visage et on prépare une estompe, que l'on trempe dans de la térébenthine ; après l'avoir serrée entre les doigts pour en exprimer la térébenthine, on s'en sert pour prendre un peu de carmin que l'on met sur un endroit propre de la palette ; puis un peu de jaune indien que l'on place à côté du carmin et l'on mélange les couleurs. Selon que l'on mette plus ou moins de l'une ou de l'autre couleur, le ton sera plus ou moins clair ou foncé. On prend de ce mélange, qui doit être presque liquide, et l'on en couvre vivement le fond sans faire attention aux inégalités ni à ce que l'on ne couvre pas, et, immédiatement, il faut égaliser en passant légèrement sur la couleur un chiffon mou adapté à l'index on doit essuyer, par des mouvements rotatoires, jusqu'à ce que la couleur soit sèche et bien unie. Si le résultat ne donne pas ce que l'on voulait, il faut recommencer sans laver le ton précédent. Si c'est trop jaune ou trop rouge, il faut recouvrir en ajoutant selon l'utilité du jaune ou du carmin, puis essuyer avec un chiffon sec. Si le ton est trop intense, il faut le couvrir de térébenthine et estomper avec un chiffon adopté au doigt jusqu'à ce que la couleur soit sèche. Si, après cela, le ton est trop faible, il faut remettre un peu de couleur et faire cela autant de fois que l'on veut ou plutôt qu'il est nécessaire pour obtenir la nuance voulue.

> REMARQUE. En essuyant avec le chiffon le premier ton, on prend parfois inévitablement sur le fond; pour réparer ce défaut, il faut prendre, sur une estompe pointue, de la couleur qui approche de celle du fond du ciel, puis la mettre sur l'endroit abîmé et enfin estomper. Il faut procéder de cette façon dans tous les cas analogues.

Deuxième ton. — **Incarnat.** — Il faut, pour le deuxième ton, préparer une estompe plus fine, plus pointue et prendre, **sans térébenthine** un peu de jaune et beaucoup plus de carmin ; mélanger et en enduire l'estompe en la penchant sur la palette et en l'y tournant, pour que tous les côtés soient chargées de couleurs; en même temps, ce mouvement rendra la pointe de l'estompe plus fine, plus pointue, et malgré cela, il faudra encore la tourner entre deux doigts en ayant soin de le faire dans le même sens et veiller à ce qu'aucun brin d'ouate ne soit visible.

Après avoir, comme je viens de l'expliquer, chargé l'estompe de couleur, on l'essaye d'abord sur du papier, pour juger du ton qui ne doit être ni trop rose, ni trop jaune, et que l'on modifie en ajoutant un peu de l'une ou de l'autre couleur.

On colorie les joues en faisant des taches que l'on estompe tout de suite légèrement avec de l'ouate sèche, qui doit être appliquée d'avance à l'autre bout de l'estompe; il faut, autant que possible, estomper également, en dégradant; où il y a une tache vermeille plus forte, on peut appuyer un peu plus, afin que ce soit bien égal; il ne faut laisser ni taches ni traits et colorier faiblement de la même manière le menton, les oreilles, les paupières, en ayant soin de ne pas dépasser les contours. On colorie les lèvres d'un ton un peu plus rougeâtre.

Troisième ton. — **Les ombres.** — Ce ton peut être colorié avec la même estompe, mais on y ajoutera un peu de terre de Sienne ordinaire ou brûlée; il est inutile d'ajouter du carmin, celui dont l'estompe est déjà chargée suffira; quelquefois il sera bon d'ajouter un peu de bleu pour diminuer le jaune rougeâtre et donner un peu de grisâtre. On commencera à colorier avec cette estompe les endroits où les ombres sont les plus accentuées, comme le front, les yeux, le nez, sous le nez, sous les lèvres, les coins de la bouche, sous le menton, et, par degré, passer aux endroits plus clairs, tant que le gris de l'ombre se fait sentir; il faut colorier très légèrement en ayant soin d'appuyer un peu aux ombres très accentuées et de faire les ombres faibles, aussi délicatement que possible. En coloriant les ombres, il est indispensable de tourner souvent l'estompe entre les doigts, pour qu'elle ait toujours la forme d'une estompe pointue.

Après avoir colorié les ombres, il faut absolument les égaliser avec une estompe d'ouate sèche, et en estompant prendre toujours la direction des ombres : commencer par les endroits les plus clairs pour aller, par degrés, aux endroits les plus sombres. Aux endroits les plus clairs on peut frotter plus fort, mais il faut le faire aussi délicatement que possible dans les endroits sombres, effleurant à peine, afin de pas atténuer le ton de l'ombre qui doit bien ressortir dans toutes les teintes.

Quatrième ton. — **Les rehauts**. — Les rehauts, c'est-à-dire les endroits les plus éclairés du visage, se colorient avec le jaune indien qui leur donne un coloris naturel.

Les personnes peu expérimentées peuvent, dans les premiers temps, ne pas colorier ce ton.

On colorie les rehauts de deux façons ; on emploie la première d'entre elles, qui est la plus facile, pour des petites têtes et la seconde qui est plus compliquée pour des têtes plus grandes.

En procédant de la première façon, il faut mettre le premier ton un peu faible et un peu plus rosé. Préparer une estompe avec le bout un peu plat, et, l'ayant enduite d'un peu de couleur, la frotter sur un chiffon mis sur le doigt de la main gauche, afin qu'elle prenne la forme d'une petite houppe jaune. Avec cette estompe on colorie, par mouvements rotatoires, les parties les plus éclairées du visage, en effleurant à peine, pour éviter de laisser des taches intenses ; colorier toutes les parties où se sent un manque de jaune, et puis, égaliser avec une estompe propre et sèche, en ayant soin de ne pas effacer les tons précédents.

Pour procéder de la deuxième façon, on prépare une estompe très serrée ; après l'avoir trempée dans de la térébenthine, on l'exprime très étroitement en la tournant dans un chiffon qu'on tient entre le pouce et l'index de la main gauche ; sur l'autre bout du manche on prépare une autre estompe, un peu plus grande, dont on se servira sans couleur, à sec. La grandeur de l'estompe doit être en proportion de la grandeur du visage.

L'estompe préparée, laver les rehauts, c'est-à-dire juste les points éclairés, avec l'estompe humectée et, immédiatement après, estomper avec l'estompe sèche

pour qu'il ne reste aucune tache de térébenthine (1).
Plus on a pris de précautions pour laver les rehauts, plus
le visage aura de relief. Après avoir lavé les rehauts, il
faut les colorier, comme dans le premier cas, avec du
jaune indien, en touchant à peine, ce qui donnera au
visage un coloris naturel, légèrement jaune, cachant
le blanc du papier.

Ensuite il faut passer délicatement l'estompe sèche
pour enlever les quelques taches qui pourraient rester,
en s'efforçant de conserver les couleurs sombres du
troisième ton.

Les rehauts sont les endroits qui ont le plus de reflet.
Quelquefois ce reflet ne se remarque pas distincte-
ment. Comme cela pourrait embarrasser les personnes
inexpérimentées en dessin, je conseille de regarder
attentivement sa figure dans une glace, en ayant soin
de la mettre dans le même éclairage que celui du portrait que l'on veut colorier. On verra alors sur les parties les plus saillantes comme le nez, le front, les
tempes, les joues, les lèvres, le menton, les oreilles,
surtout des côtés éclairés, des points brillants que l'on
appelle rehauts. On peut mettre aussi, devant soi, une
personne dans un éclairage correspondant à celui du
portrait que l'on colorie et voir ainsi tous les rehauts.

Cinquième ton. — **Demi-ton bleuâtre**. — Pour le
demi-ton bleuâtre, il faut préparer une estompe beaucoup plus fine que celle dont on s'est servie pour les
rehauts et, après l'avoir chargée d'un peu de bleu de
Paris, il faut l'essuyer sur l'index de la main gauche,

---

(1) Il faut tourner l'estompe et estomper à sec immédiatement
après le lavage de chaque rehaut, procéder de la même manière
dans tous les cas, où l'on lave avec de l'ouate trempée dans de la
térébenthine.

couvert d'un chiffon, et la tourner entre deux doigts afin d'obtenir une estompe très pointue qui colorie à peine le papier blanc.

Ayant ainsi préparé l'estompe, il faut procéder aussi faiblement que possible, en faisant des lignes très étroites qui doivent à peine se voir sur la figure. On doit estomper les transitions de la lumière à l'ombre en tenant compte des passages « tranchants » et des passages « faibles ».

Il faut estomper aussi finement que possible les passages tranchants par des traits très faibles suivant la direction des ombres et de la lumière, et pour les passages faibles estomper encore moins fort par des mouvements rotatoires.

Les passages dont je parle sont sur le visage : entre les cheveux et le front, au-dessus des sourcils, entre les yeux et la racine du nez, sous les yeux, aux ailes du nez, aux dépressions de la lèvre supérieure, aux coins de la bouche, aux parties supérieures du menton etc., en général dès qu'il y a passage de la lumière à l'ombre il faut absolument mettre ce demi-ton sur le fond, mais aussi délicatement que possible : ensuite, on égalise très délicatement, avec une estompe sèche, tous les endroits où l'on a mis ce demi-ton et en suivant exactement la direction où il a été passé. Si, après l'estompage, le ton est trop intense, on peut l'affaiblir en mettant un rosé de chair. Les mains, comme les autres parties du corps se colorient de la même façon.

LES YEUX

Après le cinquième ton, on colorie les yeux, qu'il faut d'abord laver avec une estompe fine à peine humectée de térébenthine en ayant bien soin de ne pas aller au delà du contour du blanc de l'œil, ce qu'on évitera en travaillant attentivement.

Blanc des yeux. — Après avoir lavé le blanc des yeux, il faut colorier très faiblement avec du bleu de Paris et estomper jusqu'à ce que l'on arrive au ton naturel. Si la couleur est trop bleue, il faut enlever très adroitement ce qu'il y a de trop, avec une estompe légèrement humectée de térébenthine et estomper en s'efforçant de ne pas salir le visage.

Iris. — On colorie l'iris avec une estompe très fine et pointue chargée d'une teinte correspondante à celle de l'œil, en commençant par le milieu, par des mouvements rotatoires, en ayant soin de ne pas passer au blanc. La couleur des yeux étant très variée, il est impossible d'indiquer toutes les couleurs et toutes les nuances des yeux que l'on pourra avoir à colorier. Je me bornerai à en indiquer quelques-unes.

a) **Bleu azur** à colorier avec du bleu de Paris.

b) **Bleu** à colorier avec du bleu de Paris.

c) **Bleu** verdâtre à colorier avec du bleu de Paris et jaune.

d) **Brun** marron à colorier avec de la terre de Sienne ordinaire ou brûlée.

e) **Gris** à colorier avec du bleu mélangé d'un peu de noir d'ivoire.

f) **Noir** à colorier avec noir d'ivoire et terre de Sienne brûlée.

Comme il faut, autant que possible, imiter exactement la couleur des yeux, on y arrivera en ajoutant, plus ou moins, telle ou telle couleur, jusqu'à ce que l'on obtienne la couleur ou la nuance voulue, ce à quoi il n'est pas difficile d'arriver, presque du premier coup, avec mon petit assortiment de couleur qui ne comprend que le rose, le jaune, le bleu et le noir.

Prunelles. — On colorie les prunelles avec une estompe encore plus fine que celle dont on s'est servi pour l'iris; pour préparer cette estompe, on tourne quelques fils d'ouate autour du bout du manche, qu'on a bien taillé (1) au préalable avec du papier de verre. Après l'avoir chargée de noir, on l'arrange sur le doigt et on colorie d'un seul petit coup, proportionné à la grandeur de l'œil. Après les prunelles il faut colorier les paupières et aussi les sourcils, s'ils ont le même ton que la couleur dont on a chargé l'estompe.

Rehaut. — Quant au point brillant de l'œil, qui lui donne tant de vivacité, on le fait en le grattant avec le coupe-épreuve sur les deux yeux.

RENFORCEMENT DES CONTOURS DU VISAGE

Après avoir mis les cinq tons sur le visage et fait les yeux, il est nécessaire de renforcer les contours et quelques tons qui, ayant été estompés les derniers, se sont un peu affaiblis ; comme par exemple : les coins des yeux, le dessous des sourcils, les ombres du nez, les narines, les coins de la bouche, le menton, sa partie inférieure, le cou sous le menton. Il faut renforcer toutes ces parties avec un peu de carmin mélangé avec de la terre de Sienne brûlée, mis sur une estompe fine et pointue et en faisant, autant que possible, des traits tranchants et et assez forts, ce qui donnera plus de reflet au portrait. Ensuite il faut estomper avec une estompe fine et sèche, duvetée sur le bout, très délicatement, en effleurant à peine, ce qui corrigera ce que les traits pourraient avoir de trop tranchant.

(1) Il faut avoir soin de tailler le bout du manche par des mouvements de bas en haut, sans quoi il se brisera.

Il faut absolument estomper les endroits clairs avant les parties sombres ; en s'y prenant autrement, on pourrait salir les parties claires, ce qui nécessiterait une correction.

Je ne crois pas inutile de faire remarquer encore une fois que ma méthode permet de réparer, sans difficulté, les fautes et les maladresses faites pendant l'exécution du coloriage : il suffit de les laver avec une estompe propre et humectée de térébenthine en ayant toujours bien soin, avant de s'en servir, de presser fortement l'estompe, pour en exprimer tout le liquide, puis, lorsqu'il y a lieu, on recolorie la partie lavée et on l'estompe, comme je l'ai indiqué précédemment.

CHEVEUX

Après avoir colorié le visage, comme je l'ai expliqué, il faut colorier les cheveux ; mais s'ils flottent sur les vêtements, il faut d'abord colorier ces derniers et les cheveux ensuite.

Les cheveux sont, comme les yeux, de couleurs et de nuances très différentes et, comme il est impossible de les décrire toutes, je me bornerai à indiquer les couleurs principales.

1. — **Blonds :** On les colorie finement avec de la terre de Sienne naturelle ou mélangée avec du noir d'ivoire.

2. — **Roux :** avec de la terre de Sienne brûlée.

3. — **Chatains :** avec du noir d'ivoire mélangé avec de la Sépia ou de la terre de Sienne brûlée.

4. — **Noirs :** avec du noir d'ivoire.

5. — **Cheveux blancs :** avec du bleu ou du noir délayés en leur donnant un ton gris.

Si les cheveux noirs ont une nuance bleuâtre, il faut ajouter au noir un peu de bleu avec du carmin.

On peut donner ainsi aux cheveux différentes nuances plus ou moins claires ou foncées. Le ton dépend beaucoup de l'épaisseur de la couche coloriée.

On commence par laver les cheveux avec une estompe imbibée de térébenthine ou, mieux encore, on les frotte avec la gomme.

Ton général des cheveux. — Après avoir lavé les cheveux, on les colorie d'un ton général avec de la térébenthine, en faisant grande attention à ne salir ni le visage ni le fond ; il vaut mieux même ne pas colorier jusqu'à la limite des cheveux, parce qu'en estompant on pourrait facilement étendre la couleur jusqu'au front.

Nuances des cheveux. — On nuance les cheveux sans térébenthine, par traits tranchants faits dans le sens des cheveux. Ensuite, quand toutes les ombres seront coloriées, estomper à sec, toujours dans le sens des cheveux, et ambrer légèrement.

Rehauts des cheveux. — Pour faire les rehauts des cheveux, on passe une estompe très fine, à peine humectée de térébenthine et bien essuyée sur les mèches les plus claires, puis on estompe en suivant toujours la direction que prennent les cheveux. On peut, dans certains cas, faire les rehauts avec la gomme ou le coupe-épreuve, surtout pour les cheveux gris et les cheveux clairs.

Après le coloriage des cheveux, je considère la tête du portrait comme étant terminée ; mais je ne trouve pas inutile d'ajouter que mon système de coloriage pour le visage peut être appliqué aux têtes de toute dimension, et je ferai observer que, pour les miniatures, il faut se borner à l'emploi des premiers tons.

VÊTEMENTS

Pour colorier les vêtements et tous les autres acces-
soires, il faut appliquer le même système, c'est-à-dire,
qu'il faut d'abord faire le fond général, puis nuancer
et enfin, faire les rehauts.

Les couleurs des vêtements peuvent être variées à
l'infini, mais je me bornerai à indiquer comment il faut
colorier les vêtements blancs, de couleur et noirs.

Vêtements blancs. — Si les vêtements ont été salis
par le coloriage précédent, il faut les laver préalablement avec une estampe humectée de térébenthine ou
avec une gomme, et les colorier faiblement avec du
bleu délayé dans de la térébenthine. Ensuite, on
estompe avec un morceau d'ouate sèche ou avec un
chiffon autour du doigt.

Puis, il faut nuancer les plis avec un ton grisâtre ou
brunâtre en commençant par les ombres fortes et en
passant, par degrés, aux ombres faibles ; on fait des
traits plus tranchants pour les plis profonds, et plus
délicats pour les plis moins creux. Ensuite on estompe,
en commençant par les endroits clairs, en passant aux
parties plus foncées et en appuyant l'estompe plus fortement sur les premiers. Après avoir nuancé, il faut
faire les rehauts avec une estompe humectée de térébenthine et étroitement exprimée, ou avec une gomme ;
mais les plis les plus petits, il faut les gratter avec le
coupe-épreuve.

Vêtements de couleur. — Il faut, comme pour
les vêtements blancs, leur donner seulement la teinte
générale de telle ou telle couleur ; les estomper et les
éclairer de la même manière et dans l'ordre indiqué.

Vêtements noirs. — Les étoffes noires ont les teintes suivantes :

1. — **Teinte jaunâtre** : se colorie avec du noir d'ivoire mélangé d'un peu de Sépia ou de terre de Sienne brûlée.

2. — **Noir bleuâtre** : noir d'ivoire avec du bleu.

3. — **Noir violacé** : (la plus jolie teinte de noir), noir d'ivoire mélangé d'un peu de bleu et de carmin.

On fait les rehauts des vêtements noirs avec une estompe sèche et, très rarement, avec une estompe humectée de térébenthine.

Dentelles. — Il faut d'abord les colorier faiblement avec tel ou tel ton, selon le modèle, puis nuancer et faire les rehauts avec le coupe-épreuve.

Ornements. — Les boucles d'oreille, les bracelets, les boutons, les bagues etc., doivent être coloriés d'un ton général, puis on les ombre et enfin on les éclaire en les grattant légèrement. On se sert du jaune indien pour colorier l'or et on l'ombre avec de la terre de Sienne brûlée mélangée avec du carmin. On colorie l'argent en ton azuré et on l'ombre avec du noir ou du bleu.

Remarque. Les personnes qui font de la peinture pourront obtenir de bons effets en renforçant la couleur de tel ou tel endroit qu'il leur convient.

CHAPITRE IV

RETOUCHE DES PORTRAITS A L'HUILE
SANS PINCEAU

La méthode de retouche des portraits à l'huile que j'ai perfectionnée peut être appliquée à toutes les surfaces gélatineuses.

On prépare une estompe, la plus fine possible, et on procéde à la retouche qui s'effectue dans le même ordre que le coloriage, c'est-à-dire que l'on fait d'abord le fond, puis le visage, les cheveux, les vêtements et l'on finit par les ornements. Pour ce procédé on charge l'estompe de la plus grande quantité possible de couleur, sans térébenthine, on la tourne entre deux doigts, pour le rendre très pointue, et on retouche les taches claires, en ayant toujours soin d'arranger l'estompe dans le sens indiqué. Sur les ombres, la retouche doit se faire plus épaisse, sur les parties éclairées par des points menus. Quant aux taches sombres, elles doivent être grattées avec le coupe-épreuve.

On peut aussi renforcer les ombres des yeux, des sourcils, des narines, de la bouche, des oreilles et des cheveux.

Cette méthode de retouche peut être employée non seulement par des amateurs, mais aussi par des spécialistes.

VERNISSAGE

Après quelque temps ou immédiatement après, le dessin peut être couvert de vernis à retoucher, ce qui lui donnera l'aspect d'un portrait à l'huile.

POUR LES PHOTOGRAPHES AMATEURS

Préparation du papier aristotype. — Certains papiers gélatino-bromure d'argent, comme par exemple l'aristotype etc., ont déjà une surface mate et, par conséquent n'exigent aucune préparation préalable. Quant au papier aristotype brillant, il est nécessaire de l'appliquer sur un verre dépoli, afin qu'il obtienne aussi une surface mate.

APPLICATION SUR VERRE. ACCESSOIRES

1º Un verre mat ; 2º de la benzine ; 3º du buvard ; 4º de l'ouate et une serviette ; 5º de l'amidon ; 6º un pinceau plat (de poil de cochon ou de blaireau).

On trempe pendant cinq minutes l'épreuvre faite sur du papier aristotype dans de l'eau froide, pour qu'elle devienne molle et souple, et on prépare pendant ce temps le verre mat de la manière suivante : d'abord on le lave avec de l'eau et on l'essuie avec la serviette, puis on l'enduit de benzine et on l'essuie immédiatement avec de l'ouate sèche. En sortant l'épreuve de l'eau, on met la face sur le verre mat, on la couvre d'un buvard plié trois ou quatre fois et on la repasse avec une règle ou avec un petit rouleau afin de fixer toute sa surface sur le verre et de chasser les bulles d'air sous les épreuves. Puis, après quelques minutes, on colle sur l'envers de l'épreuve un carton fin ou du papier écolier épais trempé, au préalable, pendant quelques instants, dans de l'eau ; si l'on ne prenait pas cette précaution, le carton, ayant été collé à sec, enlèverait l'épreuve du verre, sans enlever le mat. Le format du carton ou du papier doit être un peu plus grand que celui de l'épreuve.

Après quelques heures, lorsque l'épreuve est sèche, on peut l'enlever du verre en coupant les bords avec le coupe-épreuve; mais il faut bien se garder de la détacher avec force. Si l'épreuve vient d'être virée et lavée, il faut la sécher préalablement avant de l'appliquer sur le verre; puis il faut la tremper pendant quatre ou cinq minutes dans de l'eau froide. On obtient le coloriage le plus commode et le plus élégant lorsqu'on le fait sur le papier aristotype, séché sur verre mat.

APPENDICE

On passe une couche égale de gélatine chaude sur du papier fixé sur une planche ; lorsque la gélatine est sèche, on essaie si elle est bonne pour dessiner, en passant un morceau d'ouate trempée dans de la térébenthine ; si la térébenthine ne s'étend pas en taches, le papier est bon; dans le cas contraire, il faut le couvrir d'une nouvelle couche de gélatine.

En procédant au dessin, il faut faire légèrement les contours avec de l'encre de Chine, délayée dans de l'eau ou avec un crayon conté ; il faut se garder d'employer le crayon ordinaire, parce qu'il se dissout dans la térébenthine.

Les contours une fois tracés, on peut mettre des couleurs de tons différents, sans s'inquiéter si la couleur dépasse les contours, parce que tous les défauts peuvent être corrigés avec de la térébenthine ou avec une gomme.

Il est très facile d'affaiblir ou de renforcer les tons, et on peut colorier en mettant un ton sur l'autre. Si, après avoir mis les couleurs, on ne les estompe pas, le dessin ressemble à un tableau fait au pinceau. Pour obtenir les parties éclairées, on peut enlever le surplus de la couleur, en les lavant avec de la térébenthine ou au moyen d'une gomme ou d'un grattoir. Le dessin peut être même de dimensions très grandes.

Pour arriver à bien dessiner en se servant de cette méthode, il est nécessaire de se mettre au fait de tous les procédés préalables de coloriage et surtout de la façon de préparer les estompes et de les charger de couleurs : le résultat du travail est étroitement lié à ces procédés.

Un artiste, qui est habitué à peindre avec des pinceaux ordinaires pensera, dans les premiers temps, que la méthode que je viens d'exposer ne l'emporte pas de beaucoup sur le pinceau pour gagner du temps et arriver à de bons résultats ; mais, après quelques expériences et avec de la patience, il arrivera à être convaincu que tous les avantages sont du côté de ma méthode. Quant aux couleurs, on peut employer n'importe laquelle, transparente ou non.

Mes dernières expériences m'ont donné des résultats étonnants. Ainsi, rien qu'à l'aide d'une estompe d'ouate et, sans avoir recours aux pinceaux, on peut peindre avec les couleurs à l'huile (noire et autres teintes), non seulement sur du papier couvert de gélatine, mais sur n'importe quel papier ou étoffe sans préparation préalable.

On arrive avec l'estompe d'ouate à des résultats satisfaisants avec tant de facilité et de vitesse que rien ne peut remplacer cette estompe (qu'on peut dire magique), avec laquelle on peut tracer n'importe quelles lignes : molles, fines, larges avec des ombres tendres, et sans augmenter la quantité de couleur sur l'estompe, on peut arriver au ton le plus intense. Cette estompe prend à chaque fois une grande quantité de couleur, à saturation, qui reste longtemps dans l'ouate. Il suffit de l'exprimer souvent, en la tournant entre les doigts, tout en ayant soin de ne pas déranger les fils de l'ouate.

Quant à la différence entre les papiers, elle consiste en ce qu'en employant celui qui est couvert de gélatine on peut facilement laver et corriger toutes les fautes, tandis qu'il est presque impossible de le faire sur le papier ordinaire, surtout quand on veut faire des études et des compositions.

J'espère que mes travaux ne resteront pas infructueux, et j'aurai ma meilleure récompense si ma méthode n'est pas dédaignée par les artistes qui arriveront, sans doute, à de plus brillants résultats que moi en perfectionnant cette branche de l'art.

M. S. MASTRIOUKOFF.

Saint-Pétersbourg 1900.

TABLE DES MATIÈRES

CHAPITRE III

COLORIAGE DU PORTRAIT

LES YEUX

CHEVEUX

VÊTEMENTS

CHAPITRE IV

POUR LES PHOTOGRAPHES AMATEURS

Paris. — Imp G. Maurin, rue de Rennes, 71. — 7 1900

www.ingramcontent.com/pod-product-compliance
Lightning Source LLC
LaVergne TN
LVHW011510180726
843503LV00008BA/3799